...RE DES ASSURANCES

SUR LA VIE HUMAINE

POUR L'ANNÉE 1868

PAR

M. Alphonse MARCAILLOU

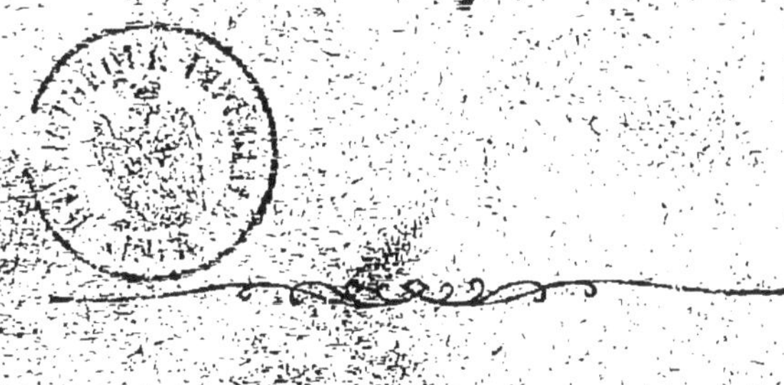

PARIS

AUX BUREAUX DE L'ANNUAIRE

137, Boulevart Magenta,

ET CHEZ LES PRINCIPAUX LIBRAIRES.

ANNUAIRE DES ASSURANCES

ANNUAIRE DES ASSURANCES

SUR LA VIE HUMAINE

POUR L'ANNÉE 1868

PAR

M. Alphonse MARCAILLOU.

—————

PARIS

AUX BUREAUX DE L'ANNUAIRE

137, Boulevart Magenta,

ET CHEZ LES PRINCIPAUX LIBRAIRES.

[illegible]

[illegible]

[illegible]

PREMIÈRE PARTIE

AU LECTEUR:

Quelques mots suffiront pour expliquer la nature et le but de cette nouvelle publication.

L'Annuaire des Assurances est spécialement consacré, ainsi que son titre l'indique, à constater le mouvement et le progrès des Assurances sur la vie humaine.

Son but est de répandre dans l'esprit des masses, à côté des lectures légères qui envahissent chaque jour les villes et les campagnes, des études sérieuses ayant en vue l'amélioration de tous, pour réaliser la belle devise de Bentham :

Maxima felicitas.

Il est divisé en deux parties correspondant chacune à l'époque où d'après la loi, les Sociétés anonymes d'Assurances sur la vie, sont tenues de remettre au Gouvernement leur état de situation.

L'Annuaire des Assurances sera donc la statistique officielle de ces importants établissements et un recueil de documents indispensables et de renseignements utiles.

Afin de rendre l'œuvre que nous entreprenons plus digne d'intérêt, et pour mieux atteindre le but que nous nous sommes proposé, nous y ajouterons comme complément, pour terminer la deuxième partie, le *Commentaire* de la *Loi* portant création de deux caisses d'assurances, l'une en cas de décès et l'autre en cas d'accidents, résultant de travaux agricoles et industriels, votée par le Corps législatif et soumise en ce moment aux délibérations du Sénat. Nous publierons en outre une revue des décisions rendues en matière d'assurances depuis le commencement de l'année par les tribunaux de l'Empire.

L'utilité de ce travail sera appréciée du public et nous méritera, nous l'espérons, son bienveillant accueil.

Juillet 1868.

C. ORDIONI,

Avocat, Professeur de Législation et d'Économie, à Paris.

ANNUAIRE DES ASSURANCES.

CONSIDÉRATIONS PRÉLIMINAIRES.

La civilisation moderne imprime aujourd'hui partout sa trace lumineuse. Elle s'est révélée avec le plus grand éclat en France dans cette fête splendide des Arts et de l'Industrie dont Paris a été le théâtre il y a un an : nous voulons parler de l'Exposition universelle, qui a offert au monde le spectacle d'une solennité sans exemple dans l'histoire. En effet, les écrivains de l'antiquité, dans leurs pages immortelles, au temps illustre de Périclès ou à l'époque célèbre des Césars n'ont pu laisser aucun souvenir comparable des trésors variés ou des richesses de leur patrie. La grande Exposition de Paris sera l'une des gloires de notre temps; elle est restée à nos yeux le tableau vivant du progrès économique et le miroir véritable de notre civilisation.

D'un autre côté le progrès social se constate encore chaque jour davantage dans les débats publics qui honorent la tribune française. Néanmoins, malgré la supériorité incontestable et incontestée de notre pays sur tous les autres, par les richesses de son sol et l'activité de ses habitants, il se trouve dans un degré d'infériorité regrettable, par rapport à l'application de la science économique, principalement en ce qui concerne les assurances. Ainsi, l'Angleterre, l'Allemagne et les États Unis d'Amérique apprécient mieux que nous les bienfaits que ces opérations sont appelées à répandre.

Il faut attribuer notre infériorité à cet égard, à l'ignorance presque complète de l'importance et de l'utilité des principes salutaires des assurances.

Ces principes, cependant, sont réglés par la sagesse de nos lois. Ils ont donné un grand développement à notre commerce maritime ; ils ont créé nos plus grands établissements financiers : la Banque de France, le Crédit Foncier, les Caisses de Retraite pour la vieillesse, les Sociétés de Secours Mutuels qui ne sont, à proprement parler, que des institutions d'assurances.

Sans parler de l'influence que les entreprises d'assurances exercent en général sur la société, elles offrent à l'individu et à la famille un avantage tout particulier qu'on ne rencontre pas dans les établissements d'une autre nature.

Si le travail et le capital sont l'unique source de la richesse, on peut dire que l'assurance fait naître l'épargne qui constitue le capital : elle donne le crédit nécessaire pour favoriser le travail ; l'assurance sur la vie est donc l'élément essentiel de la richesse qu'elle augmente par ses moyens de production, et qu'elle conserve contre tous les risques qui pourraient la faire périr.

Qu'il nous soit permis d'emprunter ici aux écrits les plus autorisés quelques passages pour terminer ces rapides considérations.

On sait que les Compagnies Françaises, suivant l'exemple donné en Angleterre, accordent à leurs assurés une large participation dans les bénéfices qu'elles réalisent.

« Le contrat d'assurance, dit M. Reboul, constitue
» une véritable *obligation* de la valeur du capital
» assuré, laquelle, indépendamment d'un intérêt
» annuel de 4 p. 100 en moyenne, est toujours rem-
» boursable à une époque plus ou moins éloignée.
» Cette *obligation*, dont les intérêts profitent au
» souscripteur et le capital à ses héritiers, n'est-ce
» pas le placement le plus sage et le plus solide,

» l'emploi le plus judicieux que puisse faire d'une
» partie de son revenu le chef, le membre productif
» de la famille? Non-seulement rien n'est perdu des
» sommes versées; mais elles s'accroissent d'une
» manière sûre et rapide par la capitalisation et la
» solidarisation. Le temps seul peut féconder
» l'épargne ; mais l'assurance en conservant toute la
» puissance de l'épargne, l'affranchit du temps et
» réalise d'un coup nos plus chères espérances.

» S'assurer, c'est léguer à ses enfants un trésor et
» un bon exemple. »

« L'assurance sur la vie, dit M. Borie, est la forme
» de l'épargne la plus morale, la plus honnête, la
» plus utile, la plus féconde et la plus logique. Elle
» tend à introduire dans les masses des habitudes
» d'ordre et de prévoyance, à resserrer les liens de la
» famille, et enfin à garantir la propriété publique en
» garantissant l'aisance de chaque individu. »

Dans un écrit pathétique adressé aux mères de
famille qui souvent par un sentiment de délicatesse
mal entendu, voulant repousser une pensée d'égoïsme,
empêchent leurs maris de contracter une assurance,
M. Louis Richard, de l'Institut, s'exprime en ces
termes :

« Qu'il me suffise de dire, pour arriver au cœur

» de toutes les mères, que Dieu peut leur enlever, au
» moment de leurs plus grandes joies, de leurs plus
» grandes espérances, celui qui les entoure d'affection
» et de bien-être, celui qui apporte dans la maison
» heureuse et souriante, l'abondance et le plaisir.
» Demain, vous pouvez n'être plus l'épouse heureuse
» et enviée, mais bien la veuve désespérée étreignant
» dans vos bras de pauvres orphelins. Avec la fin
» prématurée de leur père se sont envolés tous les
» rêves brillants que vous aviez faits sur le berceau de
» vos chers enfants; plus rien, la force productive
» s'en est allée; il ne vous reste qu'une âme dévouée,
» un cœur impuissant.

» Je le demande à toutes les femmes, où est la
» pensée égoïste qui fera accepter à la mère l'offre
» qui sera faite pour garantir l'avenir de ses enfants
» en assurant la vie du chef de la famille? »

Un autre écrivain traitant le même sujet a écrit :

« Reconnaissons-le — au milieu de nos sociétés
» modernes, dévorées d'un immense et légitime désir
» d'acquérir, de posséder — aucun établissement de
» crédit, quel qu'il soit, ne peut jouer le rôle répara-
» teur, providentiel de l'assurance sur la vie.

» A elle seule appartient le droit, la possibilité de
» sauver l'homme de la ruine qui plane sans cesse

» sur sa tête, en créant le capital qui n'existe pas et
» que l'homme n'a pas le temps de créer, ou en affer-
» missant le capital qui est en voie de se former.

» Elle seule peut rassurer le présent et garantir
» l'avenir.

» En un mot, — sans l'assurance, la misère. —
» Avec l'assurance, le bien-être.

» Insensé est donc celui qui dédaigne d'y recourir !»

Je pourrais multiplier ces citations en parcourant les œuvres de plusieurs autres publicistes connus; mais qu'il me suffise d'ajouter pour finir que tout homme intelligent, pour peu qu'il y réfléchisse, doit comprendre les avantages exceptionnels de l'Assurance sur la vie. Les exemples, d'ailleurs, confirment mes paroles, et ils frappent davantage quand ils viennent d'en haut.

En Angleterre, les rois comme Georges IV, les princes héritiers de la couronne, tels que le fils aîné de la reine Victoria, les nobles lords, le marquis d'Hastings et le duc d'Hamilton, par exemple, ont contracté des assurances s'élevant à plusieurs millions.

En France, S. M. l'Impératrice elle-même a fait assurer sur sa vie un capital important pour doter un établissement de bienfaisance fondé par elle. Des sénateurs, des députés, de riches industriels, des magistrats, les chefs illustres de l'armée et du clergé, et un grand nombre d'hommes éminents dans les lettres et dans les arts, contractent tous les jours des assurances sur la vie.

Bientôt l'immense majorité de la nation, les ouvriers de l'agriculture et de l'industrie, les petits employés, les membres de nos Sociétés de Secours mutuels seront appelés eux-mêmes à jouir des bienfaits de l'assurance, grâce à la loi nouvelle, dont nous donnons ci-après le texte, et qui est due à la généreuse initiative du Gouvernement impérial.

Alphonse MARCAILLOU.

LOI

CRÉANT DEUX CAISSES D'ASSURANCE, L'UNE EN
CAS DE DÉCÈS, ET L'AUTRE EN CAS D'ACCI-
DENTS RÉSULTANT DE TRAVAUX AGRICOLES
ET INDUSTRIELS (1868).

ARTICLE 1er.

« Il est créé, sous la garantie de l'Etat :

» 1º Une caisse d'assurance ayant pour obje de
payer au décès de chaque assuré, à ses héritiers ou
ayants droit, une somme déterminée suivant les bases
fixées à l'article 2 ci-après :

» 2º Une caisse d'assurance en cas d'accidents,
ayant pour objet de servir des pensions viagères aux
personnes assurées qui, dans l'exécution de travaux
agricoles ou industriels, seront atteintes de blessures
entraînant une incapacité permanente de travail, et de
donner des secours aux veuves et aux enfants mineurs
des personnes assurées qui auront péri par suite d'accidents survenus dans l'exécution desdits travaux. »

TITRE PREMIER

De la Caisse d'assurance en cas de décès.

ART. 2.

La participation à l'assurance est acquise par le versement de primes uniques ou de primes annuelles.

« La somme à payer au décès de l'assuré est fixée conformément à des tarifs tenant compte :

» 1º De l'intérêt composé à 4 0/0 par an des versements effectués ;

» 2º Des chances de mortalité, à raison de l'âge des déposants, calculées d'après la table dite de Deparcieux.

» Les primes établies d'après les tarifs susénoncés seront augmentées de 6 0/0. »

ART. 3.

« Toute assurance faite moins de deux ans avant le décès de l'assuré demeure sans effet. Dans ce cas, les versements effectués sont restitués aux ayants droit, avec les intérêts simples à 4 0/0.

» Il en est de même, lorsque le décès de l'assuré, quelle qu'en soit l'époque, résulte de causes exceptionnelles qui seront définies dans les polices d'assurances. »

ART. 4.

« Les sommes assurées sur une tête ne peuvent excéder 3,000 fr.

» Elles sont insaisissables et incessibles jusqu'à concurrence de la moitié, sans toutefois que la partie incessible ou insaisissable puisse descendre au dessous de 600 fr. »

ART. 5.

« Nul ne peut s'assurer s'il n'est âgé de seize ans au moins et de soixante ans au plus. »

ART. 6.

« A défaut de payement de la prime annuelle dans l'année qui suivra l'échéance, le contrat est résolu de plein droit. Dans ce cas, les versements effectués, déduction faite de la part afférente aux risques courus, sont ramenés à un versement unique, donnant lieu, au profit de l'assuré, à la liquidation d'un capital au décès. La déduction est calculée d'après les bases du tarif. »

ART. 7.

« Les sociétés de secours mutuels approuvées conformément au décret du 26 mars 1852 sont admises à contracter des assurances collectives sur une liste indiquant le nom et l'âge de tous les membres qui les composent, pour assurer au décès de chacun d'eux une somme fixe qui, dans aucun cas, ne pourra excéder 1,000 fr.

» Ces assurances seront faites pour une année seulement et d'après des tarifs spéciaux déduits des règles générales arrêtées à l'article 2.

» Elles pourront se cumuler avec les assurances individuelles. »

TITRE DEUXIEME

De la Caisse d'assurance en cas d'accidents.

ART. 8.

« Les assurances en cas d'accidents ont lieu par année. L'assuré verse, à son choix et pour chaque année, 8 fr., 5 fr. ou 3 fr. »

ART. 9.

« Les ressources de la Caisse en cas d'accidents se composent :

» 1° Du montant des cotisations versées par les assurés, comme il est dit ci-dessus ;

» 2° D'une subvention de l'Etat à inscrire annuellement au budget et qui, pour la première année, est fixée à un million ;

» 3° Des dons et legs faits à la Caisse. »

ART. 10.

« Pour le règlement des pensions viagères à concéder, les accidents sont distingués en deux classes :

» 1° Accidents ayant occasionné une incapacité absolue de travail ;

» 2° Accident ayant entraîné une incapacité permanente du travail de la profession.

» La pension accordée pour les accidents de la

seconde classe n'est que la moitié de la pension afférente aux accidents de la première. »

Art. 11.

« La pension viagère due aux assurés, suivant la
distinction de l'article précédent, est servie par la
caisse des retraites, moyennant la remise qui lui est
faite par la caisse des assurances en cas d'accidents
du capital nécessaire à la constitution de ladite pension, d'après les tarifs de la caisse des retraites.

» Ce capital se compose, pour la pension en cas
d'accident de la première classe :

» 1° D'une somme égale à trois cent vingt fois le
montant de la cotisation versée par l'assuré ;

» 2° D'une seconde somme égale à la précédente
et qui est prélevée sur les ressources indiquées aux
paragraphes 2 et 3 de l'article 9.

» Le montant de la pension correspondant aux cotisations de 5 fr. et de 3 fr. ne peut être inférieur à
200 fr. pour la première et à 150 fr. pour la seconde.
La seconde partie du capital ci-dessus est élevée de
manière à atteindre ces minima, lorsqu'il y a lieu. »

Art. 12.

«Le secours à allouer, en cas de mort par suite d'accident, à la veuve de l'assuré, et s'il est célibataire,
ou veuf sans enfants, à son père ou à sa mère sexagé-
naire, est égal à deux années de la pension à laquelle
il aurait eu droit aux termes de l'article précédent.

» L'enfant ou les enfants mineurs reçoivent un secours égal à celui qui est attribué à la veuve.

» Les secours se payeront en deux annuités. »

Art. 13.

« Les rentes viagères constituées en vertu de l'article 9 ci-dessus sont incessibles et insaisissables. »

Art. 14.

« Nul ne peut s'assurer s'il n'est âge de douze ans au moins. »

Art. 15.

« Les administrations publiques, les établissements industriels, les compagnies de chemin de fer, les sociétés de secours mutuels autorisées peuvent assurer collectivement leurs ouvriers ou leurs membres par listes nominatives, comme il a été dit à l'article 7.

» Les administrations municipales peuvent assurer de la même manière les compagnies ou subdivisions de sapeurs-pompiers contre les risques inhérents soit à leur service spécial, soit aux professions individuelles des ouvriers qui les composent.

» Chaque assuré ne peut obtenir qu'une seule pension viagère. Si, dans le cas d'assurances collectives, plusieurs cotisations ont été versées sur la même tête, elles seront réunies, sans que la cotisation ainsi formée pour la liquidation de la pension puisse dépasser le chiffre de 8 fr. ou de 5 fr., fixé par la présente loi. »

Art. 16.

« Les tarifs des deux caisses seront révisés tous les cinq ans, à partir de 1870. Ils seront, s'il y a lieu, modifiés par une loi. »

Art. 17.

« Les caisses d'assurance créées par la présente loi sont gérées par la caisse des dépôts et consignations.

» Toutes les recettes disponibles provenant soit des versements des assurés, soit des intérêts perçus par les caisses, sont successivement, et dans les huit jours au plus tard, employées en achat de rentes sur l'Etat. Ces rentes sont inscrites au nom de chacune des caisses qu'elles concernent.

» Une commission supérieure, instituée sur les bases de la loi du 12 juin 1861, est chargée de l'examen des questions relatives aux deux caisses.

» Cette commission présente, chaque année, à l'Empereur, un rapport sur la situation morale et matérielle des deux caisses d'assurance, lequel est communiqué au Sénat et au Corps législatif. »

Art. 18.

« A dater de la promulgation de la présente loi, le Gouvernement fera préparer de nouvelles tables de mortalité d'après les données de l'expérience. Il fera, également dresser une statistique annuelle indiquant

le nombre, la nature, les causes des accidents qui
se produisent daus les différentes professions. »

Art. 19.

« Un règlement d'administration publique déter-
minera, d'après les bases posées dans la présente loi,
les conditions spéciales des polices et la forme des
assurances ; il désignera les agents de l'État par l'intermédiaire desquels les assurances pourront être
contractées. »

» Les certificats, actes de notoriété et autres pièces
exclusivement relatives à l'exécution de la présente
oi seront délivrés gratuitement et dispensés des droits
de timbre et d'enregistrement. »

LISTE ALPHABÉTIQUE

DES ADMINISTRATEURS

DES

COMPAGNIES ANONYMES FRANÇAISES D'ASSURANCES

SUR LA VIE HUMAINE

établies à Paris.

A

MM.

Le duc d'ALBUFÉRA, O ✳, député au Corps législatif, président.

AMÉ DE SAINT-DIDIER.

ANDRÉ (ALFRED), de la maison Marcuard, André et
Comp., banquier.

ARCHDÉACON, ancien agent de change.

AUDENET, ✳, banquier, ancien juge au Tribunal de Commerce de la Seine.

AUDIFFRED, ancien juge au Tribunal de commerce de la Seine.

B

MM.

BARBET, G. O. ✳, ancien Pair de France, membre du Corps législatif, Administrateur des Chemins de fer du Nord.

Le marquis DE BEAUMONT;

BOUCHACOURT, ingénieur.

Le comte DE BONGARS.

BAUCHE, négociant.

F. BARROT, ✳, sénateur.

Le baron de BONNEMAINS, ✳, maire du 16e arrondissement de Paris.

BONNEFONS.

BOURCERET, ancien banquier, propriétaire.

Bouissin, ancien avoué de première instance de Paris, ancien directeur de la Société des Nu-Propriétaires.

Breitmayer.

Brouzet, O. ✳, capitaine de frégate en retraite.

C

MM.

Chateauneuf, propriétaire.

Chevalier (A.), ✳, ancien membre du Conseil général et ancien Juge au Tribunal de commerce de la Seine.

Clausse fils, propriétaire.

Cloquemin, ✳, membre du Conseil général de l'Indre.

Cochery, propriétaire.

Cohin aîné, ✳, administrateur du Comptoir national d'escompte.

Commissaire.

De Courcy, propriétaire.

D

MM.

Cн. Darcel, ✻, membre du Conseil général de la Seine-Inférieure.

David, C. ✻, ancien ministre plénipotentiaire.

Davillier (Henry), ancien président de la Chambre de commerce de Paris, régent de la Banque de France.

Delaistre, ✻, propriétaire.

Demachy, de la maison Seillière, banquier.

Demeufve, ✻, ancien membre de la Chambre des députés, propriétaire.

Denière, O. ✻, régent de la Banque de France, ancien président du Tribunal de Commerce de la Seine, membre de la Commission municipale et dé- partementale, administrateur du Comptoir national d'escompte.

Desbouillons.

Dillais, ✻, membre du Conseil municipal de Paris.

Ditte, propriétaire.

Dollfus, O. ✻, manufacturier.

Donon, ✳, Consul général de Turquie, président de la Caisse des dépôts et comptes-courants.

Dutaillis, O. ✳, capitaine de frégate en retraite.

E

MM.

D'Eichthal, ancien banquier.
Le comte d'Estompes, propriétaire.

F

MM.

Fère, ✳, censeur de la Banque de France, etc.
Le comte de Flavigny, ancien député au Corps législatif.
Foacier, ✳, membre du Conseil général de l'Yonne.

G

MM.

Le duc de GALLIERA, ✳, vice-président du chemin de fer de l'Est.

GAUCHER, administrateur du Sous-Comptoir du Commerce et de l'Industrie.

GERMINY, sénateur, gouverneur honoraire de la Banque de France.

GRAVOIS.

GRANDIDIER.

GROS-HARTMANN, ✳, de la maison Gros, Roman, etc.

GRIENINGER, administrateur de la Société générale du Crédit mobilier.

GUIBERT, ✳, ancien président de la Chambre des agréés près le Tribunal de Commerce de Paris.

GUIDOU, ✳, avoué honoraire, ancien président de la Chambre des avoués de Paris.

GUYOT-SIONNEST, ancien président de la Chambre des avoués de première instance de Paris.

H

MM.

Hankey.

Hartmann, manufacturier.

Le baron Hottinguer, banquier.

Hentsch, banquier.

De Hercé.

J

MM.

Jameson, de la maison Hottinguer.

Jaybert, avocat à la Cour impériale.

Joliat.

Joly de Bammeville, propriétaire.

K

MM.

KENNERLEY-HALL.

DE KISS DE NEMESKER, propriétaire.

KLEIN, ✳, ancien juge au Tribunal de commerce de la Seine, adjoint au Maire du 16ᵉ arrondissement de Paris.

L

MM.

Le comte Frédéric de LAGRANGE, O ✳, député.

Le vicomte DE LÉAUTAUD, ✳.

Le comte de LAPANOUSE, propriétaire.

LAPERCHE.

LAURENT, O. ✳, agent de change honoraire, etc.

Lefebvre, ancien banquier, régent de la Banque de France.

Lenoir, O ✻, membre du Conseil général du département de la Seine.

Loignon, propriétaire.

Lucy-Sédillot, O ✻, ancien président du Tribunal de commerce de la Seine.

Lutscher, banquier.

M

MM.

Maas.

Mallet (Alphonse), régent de la Banque de France.

Mallet (C.), banquier.

Mallet (Henri), banquier.

Marchal de Calvi, Professeur agrégé à la Faculté de médecine de Paris.

Marcuard, banquier.

Mars, ancien négociant.

Martel, conseiller honoraire à la Cour impériale de Paris.

Martenot, membre du Conseil général du département de l'Yonne.

Martin-Leroy, ancien président de la Chambre des agréés près le Tribunal de Commerce de Paris.

Masson, libraire-éditeur, ancien juge au Tribunal de commerce de la Seine.

Matharel.

Mirabaud, banquier.

Mirault (Henri), avocat.

Le comte de Morgan-Fricourt.

Le comte A. de Montesquiou, ancien Pair de France.

Mussard, banquier.

N

M. Noel (Casimir), C. ✳, Notaire honoraire de l'Empereur;

O

MM.

ODIER, Conseiller référendaire honoraire à la Cour des Comptes.

ODIER (Alph).

ODIER (Ed.), ancien manufacturier.

ONFROY (J.-S.-L.), ancien négociant, membre du Conseil municipal de la ville de Paris.

P

MM.

PÉRIER (Joseph), régent de la Banque de France.

G. PETIT, ✻, ancien chef de division au ministère de l'intérieur.

Le vicomte DE PEYRONNET.

Le comte PILLET-WILL, banquier, régent de la banque de France.

Possoz, O. ✳, membre du Conseil municipal de Paris et de la Commission départementale de la Seine.

R

MM.

Rodier (Louis), ancien juge au Tribunal de Commerce de la Seine.

Rottand, ✳, administrateur de la Société générale de Crédit industriel et commercial.

Le baron Gustave de Rothschild, banquier.

S

M. le vicomte Léo de Saint-Poncy, ✳.

T

MM.

Torras, propriétaire.

Trubert, conseiller référendaire à la Cour des comptes.

V

MM.

V ALETTE, C. ✳, Secrétaire général de la présidence du Corps législatif.

Le duc de V ALMY, O ✳, administrateur du chemin de fer de Lyon à la Méditerranée.

D E W ARU, régent de la Banque de France.

V ASSAL, ✳, membre du Conseil d'escompte de la Banque de France.

V ERNES, banquier.

NOMENCLATURE

DES ÉTABLISSEMENTS TONTINIERS

CONNUS EN FRANCE.

Nous laissons de côté les tontines royales établies sous Louis XIV, sous Louis XV, et sous le gouvernement de la Révolution. Nous parlerons seulement des établissements créés conformément aux prescriptions de l'avis du Conseil d'État du 18 avril 1809.

Ces établissements sont par ordre de date :

En 1819 :

LA TONTINE PERPÉTUELLE D'AMORTISSEMENT ;
L'INSTITUTION DOTALE DE SECOURS MUTUELS DE RECRU-TEMENT ;
LA CAISSE DE SURVIVANCE ET D'ACCROISSEMENT.

En 1824 :

L'ASSOCIATION VIAGÈRE ;

L'Association mutuelle d'assurances sur la vie ;

L'Agence générale de placements sur les fonds publics, fondée un an plus tard ;

La Caisse d'économie et d'accumulation ;

En 1821 :

La Tontine de compensation.

En 1838 :

La Nationale ;

L'Équitable.

En 1841 :

La Caisse des Écoles ;

La Providence des Enfants.

En 1842 :

La Concorde ;

La Prévoyance ;

L'Économie ;

La Minerve.

En 1843 :

L'Européenne.

En 1844 :

Le Conservateur.

En 1845 :

L'Urbaine ;

La Providence ;

Le Soleil ;

L'Aigle;
La France;
La Mélusine.

En 1846 :

Le Phénix;
La Progressive.

En 1849 :

L'Universelle.

Mais la plupart de ces tontines ont cessé d'exister aujourd'hui pour des causes diverses, et on ne compte plus que trois Compagnies d'assurances, d'après le système de Tonti amélioré et perfectionné.

Voici le nom de ces établissements :

La Caisse paternelle;
Le Conservateur;
Le Phénix;

A. M.

INSTRUCTION GÉNÉRALE

RÉDIGÉE

PAR DEMANDES ET PAR RÉPONSES

pour servir de guide aux personnes qui désirent
contracter des assurances sur la vie.

—

D. — *Qu'est-ce qui a donné naissance à la science des assurances ?*

R. — Le calcul des probabilités appliqué à la mortalité humaine.

D. — *La science des assurances est-elle ancienne ?*

R. — Non, c'est une science nouvelle qui, quoique ayant fait de grands progrès en Angleterre et en Amérique, n'est encore qu'à son berceau en France.

D. — *Y a-t-il plusieurs divisions dans les assurances ?*

R. — Oui, sans parler des assurances sur la vie qui constituent la branche la plus importante de toutes les assurances, il y a les assurances terrestres contre l'incendie, la grêle, les accidents, et les assurances maritimes contre les risques de la navigation.

D. — *Qu'est-ce qui distingue les opérations des assurances sur la vie?*

R. — Ce qui distingue les opérations des assurances
sur la vie, c'est qu'elles n'ont pas toujours les carac-
tères que présentent les assurances soit terrestres, soit
maritimes. En effet le caractère essentiel et nécessaire
de ces divers contrats d'assurances est un risque in-
demnisable lorsqu'il vient à se réaliser. L'assurance
sur la vie, peut dans certains cas ne pas reposer sur
un risque, lorsque, par exemple, une personne se
propose de constituer un capital à une époque déterminée moyennant un versement unique.

D. — *Comment peut-on définir l'assurance sur la vie?*

R. — C'est la prévoyance fécondée par l'association;
ce n'est pas seulement l'épargne limitée et impuis-
sante de l'individu isolé; c'est l'épargne associée à
l'épargne et accroissant sa puissance d'efficacité par
l'extension de sa sphère d'action. — C'est, en d'autres
termes, un moyen mis à la portée de tout le monde
pour arriver au bien-être ou pour l'accroître. C'est
une opération qui a pour but la constitution d'un capital, d'une rente; la création d'un crédit; elle procure
dans des cas particuliers à une famille la compensation d'un dommage matériel qu'elle peut éprouver
à la mort de l'un de ses membres, et à un créancier
quelconque la réparation de la perte qu'il peut avoir
à subir par la mort prématurée de son débiteur.

D. — *Distingue-t-on dans les assurances sur la vie plusieurs catégories ?*

R. — Oui, les assurances sur la vie comprennent deux principales catégories qui sont : les Assurances en cas de vie et les Assurances en cas de décès. — Chacune de ces catégories présente aussi plusieurs subdivisions.

D. — *N'y a-t-il pas une autre distinction à faire ?*

R. — Oui, une autre distinction importante résulte de la personne de l'assuré à raison de deux systèmes qu'il peut adopter dans son contrat et qui sont : le système de la prime fixe ou celui de la mutualité.

D. — *Qu'est-ce que l'assurance par le système de la prime fixe ?*

R. — L'assurance par le système de la prime fixe consiste dans une somme payée en une seule fois ou par annuité à une compagnie qui s'engage envers l'Assuré. — Avec ce système l'assureur et l'assuré déterminent d'avance leur situation respective.

D. — *Qu'est-ce que l'assurance par le système de la mutualité ?*

R. — L'assurance en mutualité est celle par laquelle plusieurs individus s'obligent à se garantir réciproquement certains risques : de sorte qu'ils peuvent être considérés dans ce cas tout à la fois comme assureurs et comme assurés.

D. — *Les assurances mutuelles n'ont-elles pas aussi un autre nom?*

R. — Les assurances mutuelles sont souvent appelées *tontines*, du nom de leur inventeur, le financier napolitain Tonti.

D. — *Quelles sont les combinaisons des assurances dites en cas de vie?*

R. — Les assurances en cas de vie ainsi nommées parce que le résultat des opérations qu'elles embrassent est subordonné à l'existence de l'assuré, comprennent les combinaisons suivantes :

Les rentes viagères immédiates.

Les rentes différées.

Et les capitaux différés.

D. — *En quoi consiste l'assurance d'une rente viagère immédiate?*

R. — Elle consiste dans l'aliénation d'un capital pour obtenir de suite une augmentation notable de son revenu.

D. — *Qu'est-ce qu'une rente différée?*

R. — On appelle rente différée celle dont on diffère l'entrée en jouissance pour en augmenter l'importance.

D. — *Qu'appelle-t-on assurance d'un capital différé?*

R. — L'assurance du capital différé est une opération par laquelle l'assureur s'engage à payer à une époque déterminée, une somme fixée dans le contrat d'assurance, sous la condition de l'existence de l'assuré à cette époque.

D. — *Expliquez, par des exemples, la constitution d'une rente viagère immédiate sur une ou plusieurs têtes?*

R. — Les rentes viagères immédiates peuvent être constituées sur une ou plusieurs têtes.

Ainsi, un employé d'une maison de commerce âgé de cinquante ans a amassé un capital de 20,000 fr. Il veut se créer une rente viagère qui améliore immédiatement sa situation.

Les 20,000 fr. lui produiront 1,562 fr. environ de rente payable par semestre.

Une personne retirée des affaires et âgée de 60 ans veut se constituer une rente viagère de 1,200 fr.; aura à verser 12,170 fr.

Un ancien négociant âgé de soixante-cinq ans, et sa femme âgée de cinquante-cinq ans, sont sans enfants; ils ne possèdent que 30,000 fr., prix d'un fonds de commerce; en plaçant leur capital en rente viagère, ils obtiennent une rente de 2,238 fr. payable sans réduction jusqu'au décès de celui qui aura survécu à l'autre.

Un ancien fonctionnaire, ayant pour toute ressource sa retraite et un capital de 20,000 fr. a une femme âgée de cinquante-huit ans, et une fille âgé de quarante ans. A sa mort, sa retraite s'éteignant, le capital qu'il laissera ne donnera plus à sa veuve et à sa fille les moyens de vivre honorablement. Il place à rente viagère sur la tête de sa femme, avec réversibilité sur celle de sa fille, les 20,000 fr. qu'il possède, et il obtient immédiatement une rente de 1,136 fr., laquelle, jointe à sa retraite, améliore notablement sa situation présente, et assure, après sa mort, l'avenir de sa veuve et de sa fille.

Une veuve, âgée de soixante-cinq ans, craint qu'après sa mort son fils unique, âgé de quarante ans, infirme ou d'une intelligence bornée, ne soit circonvenu ou entraîné par des mauvais conseils, et ne compromette son héritage. En mère prévoyante, elle réalise tout ou partie de sa fortune, et place un capital de 120,000 fr. sur sa tête et sur celle de son fils. Elle acquiert immédiatement une rente de 7,030 fr. reversible en totalité, après le décès de l'un ou l'autre, sur la tête du survivant.

Deux époux âgés, l'un de soixante ans, l'autre de quarante, veulent se constituer une rente viagère de 2,000 fr., réductible à 1,000 fr. au décès de l'un d'eux. Le capital de la rente à verser sera de 26,473 fr.

D. — *Citez des exemples de rentes différées pour toute la vie ?*

R. — Un avocat ou un artiste âgé de trente ans,

vivant honorablement du produit de sa profession, craint qu'à une époque qu'il prévoit, sa profession ou son art ne lui donne plus le revenu qu'il en obtient : il souscrit une police différée de vingt ou trente ans, et moyennant un versement unique de 4,062 fr. 69 c. ou une somme annuelle de 330 fr. 10 c., il aura, à cinquante ans, une rente viagère de 1,000 fr. Pour obtenir la même rente à soixante ans, il suffirait de verser une somme unique de 1,573 fr. 44 c. ou une prime annuelle de 107 fr. 60 c.

Un père veut mettre son fils et sa fille à l'abri de toutes les éventualités d'avenir : il crée, au profit de ses deux enfants, une rente viagère différée de 2,000 francs pour chacun, afin qu'à tout événement l'un et l'autre aient toujours les moyens de vivre.

Le fils a deux ans, la jeune fille en a trois. Le père souscrit une rente viagère différée de dix-huit ans pour le premier et de dix-sept pour la seconde. Il aura à payer pour le fils une rente annuelle de 1,116 francs 50 c., et pour la fille, 1,228 fr. 50 c.

Un fonctionnaire prévoit de loin le cas de retraite. Il sait que son traitement sera réduit de moitié, et que ses ressources, à l'instant où ses besoins deviendront plus grands, seront insuffisantes. Il a trente-cinq ans, il aura sa retraite à soixante. En versant une somme annuelle de 940 fr. 80 c., il aura, à soixante ans, c'est-à-dire dans vingt-cinq ans, une rente de 6,000 fr.

Un jeune officier, économe et prévoyant, veut s'assurer, après trente ans de service, une pension viagère de 1,500 fr. Il est, au moment de la signature du contrat, âgé de vingt ans : il aura à payer 247 fr. 05 cent. pour obtenir à cinquante ans la pension de 1,500 fr.

S'il a vingt-cinq ans, il aura à payer une prime annuelle de 343 fr. 05 c. Il peut s'obliger au payement d'une prime progressive, c'est-à-dire d'une prime qui s'élèvera en raison même de ses appointements.

Ainsi, âgé de vingt ans, il paye pendant six ans 181 fr. 17 c. annuellement.

Pendant six autres années,	230 fr.	21
Pendant douze ans,	288	48
Et enfin pendant les six dernières années,	398	74

Au moyen de ces primes progressives, il aura droit, au moment de sa retraite, à 1,500 fr. de rente viagère.

Un prêtre veut s'assurer une rente viagère pour le temps où il ne pourra plus exercer son saint ministère. Il a vingt-cinq ans. Moyennant la prime unique de 1,231 fr. 53 c. ou la prime annuelle de 78 fr. 50 c., il aura, à soixante ans, une rente de 1,000 fr.

S'il a trente ans, moyennant une prime unique de 1,573 fr. 44 c., ou une prime annuelle de 107 fr. 50 c., il aura, à soixante ans, une rente de 1,000 fr.

S'il a trente-cinq ans, une prime unique de 2,026 fr. 81 c. ou une prime annuelle de 151 fr. 80 c., lui donnera, à soixante ans, droit à une rente de 1,000 fr.

D. — *Donnez des exemples d'assurances de capitaux différés ?*

R. — Un tuteur veut que sa pupille, âgée de six ans, ait, à vingt ans, une dot ; il fait sur la tête de cet enfant une assurance différée de quatorze ans pour un capital de 25,000 fr.; il aura à payer une prime unique de 12,635 fr., ou une prime annuelle de 1,225 fr ; et à l'âge de vingt ans, la pupille recevra 25,000 fr.

On veut assurer à un enfant qui vient de naître une somme de 20,000 fr. pour l'époque de sa majorité, on aura à payer une prime unique de 5,206 fr., ou une prime annuelle de 512 fr.

D. — *Quelles sont les principales combinaisons des assurances en cas de décès ?*

R. — Les principales combinaisons des assurances en cas de décès sont :

Les assurances pour la vie entière ;

Les assurances de survie ;

Les assurances temporaires ;

Et les assurances mixtes.

D. — *Qu'est ce que l'assurance pour la vie entière?*

L'assurance en cas de décès pour la vie entière est un contrat par lequel les Compagnies s'engagent à payer, lors du décès de l'assuré, à quelque époque que le décès ait lieu, un capital déterminé à ses héritiers ou ayant-droit. Pour prix de ce contrat, l'assuré paie une prime annuelle, qui est fixée d'avance en raison de son âge et de la somme qu'il veut laisser après lui.

Malgré la dénomination d'Assurance pour la vie entière donnée à cette combinaison, elle n'implique nullement l'obligation pour l'assuré de poursuivre son contrat pendant toute la durée de son existence. Il reste toujours libre d'en arrêter l'effet.

D. — *Qu'arrive-t-il si l'assuré cessait de payer ses primes?*

R. — Si l'assuré cessait de payer ses primes pour quelque cause que ce soit, pourvu que la cessation de payement n'ait lieu qu'après trois années de la date du contrat, les primes versées sont remboursées ou conservées généralement pour tenir lieu d'une assurance réalisable au décès de l'assuré.

D. — *L'assurance en cas de décès peut-elle se faire sur deux têtes?*

R. — Oui, et le capital assuré est payable alors au

premier ou au dernier décès, suivant les stipulations.

D. — *Citez un exemple d'assurances sur la vie entière ?*

R. — Un homme de trente-cinq ans contracte une assurance de 20,000 fr. en s'engageant à payer une prime annuelle de 566 fr. pendant toute sa vie. Dans un placement même à intérêts composés, il lui faudrait plus de vingt ans pour obtenir ce capital. Mais dès que l'assurance a été souscrite, la somme de 20,000 fr. devient exigible à son décès, et s'il meurt subitement après avoir payé la première prime seulement, cette somme reviendra exempte de toute charge à ses héritiers.

Supposons un capital de 50,000 fr. assuré à l'âge de vingt-six ans, moyennant une prime de 1,155 fr., le souscripteur venant à mourir, ses héritiers recevront de suite 50,000 fr.

D. — *A quelles personnes cette assurance peut-elle convenir ?*

R. — Au père de famille, avocat, médecin, artiste, homme de lettres, commerçant, négociant ou industriel, à toute personne en un mot dont la mort prématurée peut être pour les siens une cause de gêne, de ruine ou de misère;

Aux fonctionnaires publics, aux employés, aux

magistrats, aux pensionnaires de l'État, dont le traitement ou la pension doit s'éteindre avec eux ;

A l'époux, soit qu'il veuille, au moyen d'une assurance sur sa tête, mettre la dot de sa femme à l'abri de toute éventualité, soit qu'au moyen d'une assurance sur la tête de sa femme, il veuille se prémunir contre les embarras ou la gêne auxquels pourrait l'exposer l'obligation de restituer la dot qu'il a reçue ;

Au mari et à la femme mariée qui veulent, sans préjudicier à leurs héritiers, s'avantager mutuellement, ou avantager un ou plusieurs de leurs enfants;

Au fils, soutien de parents âgés qui, par sa mort, se trouveraient privés de toutes ressources.

Au grand propriétaire qui, pour éviter le morcellement ou la vente de son héritage, veut fonder, à côté de sa propriété foncière, un capital en numéraire qui, augmentant sa succession, permettra de la répartir entre ses héritiers sans dénaturer le domaine patrimonial ;

Enfin dans un autre ordre d'idées, pour l'homme riche et bienfaisant, l'assurance en cas de décès accroîtra considérablement les ressources dont il pourra disposer, sans frustrer ses héritiers, pour laisser après lui des témoignages de sa libéralité en fondations pieuses ou charitables.

Cette assurance est un acte de prévoyance.

D. — *Qu'est-ce que l'assurance de survie ?*

R. — L'assurance de survie est celle par laquelle une Compagnie s'oblige à payer soit un capital, soit une rente au décès d'une personne désignée dans la police comme assurée, mais seulement dans le cas de survivance, au moment du décès d'une autre personne désignée comme bénéficiaire.

Ainsi, la Compagnie doit payer si la personne, désignée comme assurée, meurt la première; si, au contraire, c'est la personne désignée comme bénéficiaire, les primes payées à la Compagnie lui sont acquises, et elle demeure exonérée de l'obligation de tout payement. La prime à payer pour cette assurance est moins élevée que pour la vie entière, par ce motif qu'au moyen de la condition de survie la mort du bénéficiaire libère la Compagnie, ce qui n'a pas lieu en cas d'assurance ordinaire.

D. — *Donnez un exemple d'assurances de survie ?*

R. — Un mari âgé de cinquante ans, et sa femme de quarante, sont sans enfants : le mari veut, s'il vient à mourir avant sa femme, que celle-ci touche à son décès et pendant toute sa vie, une rente viagère de 1,000 fr. A cet effet, il s'engage à payer annuellement à une compagnie, jusqu'à l'époque de son décès, une prime de 44 fr. 58 c., pour 100 fr. de rente, soit 445 fr. 80 c. pour 1,000 fr. Si au lieu d'une rente viagère le mari voulait laisser à sa veuve un capital de 10,000 fr., la prime à payer serait de 405 fr.

D. — *Qu'est-ce que l'assurance temporaire ?*

R. — On appelle de ce nom le contrat par lequel une Compagnie s'engage à payer au décès d'un assuré, s'il a lieu dans un espace de temps déterminé, un capital convenu. — Ainsi, au lieu de contracter une assurance pour la vie entière, on peut la limiter à un ou cinq ans, plus ou moins. Dans ce cas, si l'assuré meurt pendant le temps indiqué, la Compagnie paye la somme assurée ; s'il meurt après, la Compagnie n'a plus rien à payer, et les primes versées lui demeurent acquises.

D. — *Citez un exemple d'assurance temporaire ?*

R. — Un homme qui est à la tête d'un commerce veut souscrire une assurance de 50,000 fr. exigibles, s'il meurt, dans un délai de quinze ans. La prime payable pendant ces quinze années, s'il est vivant, sera de 1,145 fr.

D. — *Qu'est-ce que l'assurance mixte ?*

R. — L'assurance mixte est celle qui participe de l'assurance en cas de vie et de l'assurance en cas de mort ; elle profite, soit à l'assuré lui-même s'il vit, soit à ses héritiers ou ayant-droit, s'il meurt. Elle réunit donc tous les avantages. Ses applications sont de deux sortes. L'assurance mixte peut être à remboursement immédiat ou à remboursement différé.

On dit aussi : assurances *mixtes à terme fixe*, et assurance mixte *aussitôt le décès* de l'assuré.

D. — *Citez des exemples d'assurance mixte ?*

R. — Un avoué, âgé de trente-cinq ans, ayant une somme à payer dans vingt ans, ou prévoyant qu'il aura à cette époque des enfants à établir, souscrit une assurance mixte de 20,000 fr., payable après vingt années. La prime annuelle sera de 754 fr.

Si l'assuré existe à l'époque déterminée, il recevra lui-même la somme stipulée dans le contrat, et en disposera suivant ses prévisions. S'il meurt pendant le cours de l'assurance, le capital garanti restera entre les mains de la Compagnie jusqu'à l'expiration des vingt années, et sera, à cette époque, versé soit aux héritiers, soit à la personne qui aurait été désignée dans la police.

Un notaire, âgé de trente-cinq ans, a deux enfants ; il veut se créer au moyen de ses économies, un capital qui lui serve à établir ses enfants ; mais il craint que, s'il meurt prématurément, sa succession n'ait un besoin immédiat du capital garanti. Dans cette situation, il souscrit une police d'assurance mixte, avec stipulation que, s'il vit, il touchera lui-même cette somme après vingt ans, et que, s'il meurt avant l'expiration de ce laps de temps, le capital sera payé à ses héritiers immédiatement après le décès, et non pas comme dans l'exemple précédent, après le terme fixé dans la police.

La prime, dans ce dernier cas, est supérieure à celle de l'assurance avec remboursement différé, puisque la Compagnie a une chance de plus contre elle.

Si le remboursement est différé, la prime sera de 754 fr.

S'il est immédiat, elle sera de 1,026 fr.

D. — *Qu'appelle-t-on contre-assurance?*

R. — La contre-assurance est un contrat par lequel une Compagnie s'engage, moyennant une légère prime, à rembourser sans intérêt la totalité des primes payées pour une assurance, si l'assuré décède avant l'époque à laquelle le montant de l'assurance serait exigible.

La contre-assurance s'applique exclusivement aux assurances en cas de vie et spécialement aux assurances en mutualité.

D. — *Qu'appelle-t-on réassurance?*

R. — La réassurance est un contrat par lequel un assureur se fait assurer par un tiers contre tout ou partie des risques dont il est chargé d'après le contrat d'assurance primitive.

La réassurance ne peut être stipulée que par l'assureur et reste toujours étrangère à l'assuré.

D. — *Qu'est-ce que la participation aux bénéfices?*

R. — La participation aux bénéfices consiste dans l'attribution au propriétaire ou bénéficiaire d'une police d'assurance, de la moitié des bénéfices, résultat des autres assurances de la même catégorie.

Cette attribution proportionnelle à la prime est arrêtée par les conseils d'administration des Compagnies. Elle donne toujours des résultats très-avantageux aux souscripteurs.

D. — *Qu'appelle-t-on police d'assurance?*

R. — On appelle police d'assurance l'acte écrit qui constate l'assurance.

D. — *Qu'appelle-t-on contractant?*

R. — Le contractant est le souscripteur de la police, c'est-à-dire la personne qui s'engage envers l'assureur.

D. — *Qu'est-ce que le bénéficiaire d'une police d'assurance?*

R. — C'est la personne qui profite de l'assurance.

D. — *L'assuré peut-il réunir à la fois la qualité de bénéficiaire et de contractant.*

R. — Oui, on peut être à la fois bénéficiaire et contractant, et quelquefois on peut être seulement assuré.

D. — *Qu'est-ce qu'on entend par prime?*

R. — La prime est le prix du risque que court l'assureur : elle consiste en une somme d'argent que le souscripteur paie en une seule fois ou par annuités.

D. — *Comment la fixation des primes a-t-elle lieu ?*

R. — La fixation des primes a lieu d'après des tarifs invariables et officiels.

D. — *Quelles sont les garanties offertes au public par les Compagnies d'assurances ?*

R. — Ces Compagnies sont autorisées par le gouvernement ; leurs statuts sont examinés par le Conseil d'État : leurs opérations sont soumises au contrôle de l'autorité.

Leur capital est exclusivement affecté à la sûreté des engagements qu'elles prennent vis-à-vis des assurés. Elles sont enfin dirigées et administrées par des personnes aussi recommandables par leur lumière que par leur position et leur honorabilité.

D. — *A quelle branche des connaissances humaines doit-on rattacher la science des assurances ?*

R. — La science des assurances se rattache intimement à celle des sciences morales connue sous le nom d'Économie sociale, et qui est pour ainsi dire le couronnement des connaissances humaines.

On a défini avec raison cette science : *la Science de la Richesse.*

C. O.

Causerie agricole.

Jamais l'agriculture n'avait reçu un si grand développement en France que depuis l'avénement de Napoléon III. Jamais aussi on n'avait tant fait pour elle. Concours régionaux, comices agricoles, encouragements et récompenses, enquêtes officielles sur les souffrances qu'elle accuse, rien n'a été épargné pour donner une nouvelle impulsion à cette première de toutes les industries. On a cherché à lui conserver des bras en luttant contre l'émigration de l'ouvrier de la campagne vers la ville, on a cherché à lui conserver des têtes en luttant contre l'*absentéisme* qui tendait à faire disparaître le type du gentilhomme campagnard et avait pour conséquence fâcheuse de laisser la terre péricliter entre les mains du fermier routinier.

L'agriculture a cependant beaucoup à faire encore pour atteindre chez nous le niveau auquel elle est arrivée chez nos voisins d'outre-mer. Une des causes qui expliquent la supériorité de l'agriculture anglaise sur la nôtre, 'c'est qu'en Angleterre, outre que la propriété foncière est moins divisée, elle se trouve entre les mains d'hommes qui ont fait des études spéciales. Tandis que chez nous le fils de famille, et surtout le fils de parvenu enrichi, considère trop souvent l'argent qu'il trouve dans son berceau comme une invitation à la valse, comme une invitation au jeu, comme une invitation à partager sa vie entre la coupe et le boudoir; le fils de famille anglais, au contraire, considère le riche patrimoine qu'il reçoit comme une obligation pour lui d'arriver plus loin que son père, par là même qu'il est parti de plus haut.

La loi sur le libre échange, en servant les intérêts du consommateur lèse ceux du cultivateur. Cette transition subite du régime protecteur au régime du libre échange eût été moins pénible si l'instruction agricole eût été plus répandue, parce qu'alors au lieu de nous surprendre, elle nous eût trouvés préparés à lutter contre la concurrence.

Aujourd'hui, au lieu de regretter l'échelle mobile, ce que nous avons de mieux à faire, c'est de demander au plus tôt à la science les moyens d'arriver à un plus grand rendement avec un prix de revient moindre, et nous reconnaîtrons alors que la liberté commerciale aura été le plus vigoureux coup de fouet donné à notre attelage agricole.

Quiconque veut faire de la parfumerie, de la teinture, du dégraissage, de la céramique, etc., com-

mence d'abord par acquérir les connaissances chimi-
ques qui peuvent lui être utiles, mais s'il s'agit
d'agriculture, on ne se préoccupe pas le moins du
monde d'étudier préalablement la chimie. L'agriculture est cependant essentiellement chimique, et une
partie des progrès qu'elle a fait jusqu'ici sont bien
évidemment dûs à la science.

Il y a quelques années, la masse des laboureurs
faisait fi des théories scientifiques appliquées à l'agriculture; on ne pouvait faire accepter que l'agriculture,
appuyée sur l'empirisme seul et ne creusant son sil-
lon que dans l'ornière de la routine, se condamnait à
ne faire que des progrès lents. On se retrouvait toujours en face de ces fameux arguments : « Nos pères
» ne connaissaient ni la botanique, ni la physique, ni
» la chimie, ils n'en cultivaient pas moins bien leur
» champ. Nous faisons comme eux.

» D'ailleurs, ne manquait-on jamais d'ajouter,
» parmi ceux qui ont voulu suivre les conseils des
» savants, il en est beaucoup qui se sont ruinés. Il
» suffit que chacun sache la meilleure manière de
» cultiver dans son pays, et, pour ça, pas n'est besoin
» de s'embarrasser d'aucun bagage scientifique. »

Aujourd'hui, l'empirisme parle sur un ton moins
élevé et se montre disposé à se laisser guider par la
science.

Nos pères ne cultivaient pas leur terre d'une façon

aussi productive qu'on le fait aujourd'hui; un seul fait
suffit pour le démontrer. La *jachère* n'existe plus; et
cela atteste un immense progrès en agriculture, une
immense conquête faite sur la routine par la science,
qui, en introduisant l'assolement dans l'agriculture, a
donné la solution de ce problème qu'on ne peut poser
sans avoir l'air de faire un paradoxe : *Laisser reposer
la terre sans cesser de la faire produire.* L'agriculteur
veut que la terre lui rapporte le plus possible, soit du
blé, soit de l'avoine, soit du seigle, soit du sarrasin,
soit du maïs, soit du colza, soit des parmentières, soit
du lin, soit du chanvre. Or, à toutes les plantes, le
même sol ne convient pas également. Tel sol qui convient à cette plante ne convient pas à cette autre. Il
importe donc de savoir le rapport qui existe entre le
sol et les plantes qu'on doit lui confier, de savoir quels
sont les éléments que contient le sol et quels sont ceux
que les plantes réclament. Le blé, par exemple, puise
dans le sol certains éléments minéraux, tels que la
silice gélatineuse, des carbonates et des phosphates
calcaires, des alcalis. Il est essentiel de savoir si le
champ où l'on veut semer du blé contient ces éléments, afin de pouvoir suppléer par un engrais approprié à l'élément ou aux éléments qui manquent. C'est
la chimie qui doit donner des renseignements à cet
égard; c'est elle qui pourra dire avec connaissance
de cause : ici, l'engrais qui convient, c'est le purin ou

le guano ; là, c'est la chaux ; ici, vous vous bornerez à saupoudrer le sol avec du sable ; ici, avec du soufre ; ici, vous l'arroserez avec une solution de sel marin ; là, avec une solution de sulfate de fer. Quelqu'un disait à un médecin : « N'est-ce pas, docteur, les meilleures eaux sont les eaux de Vichy ? — Cela dépend, répondit-il. Pour une jeune femme qui a le sang pauvre et dépourvu de fer, les eaux de Forges et de Contrexeville seront préférables ; pour un scrofuleux, les eaux iodées conviennent davantage ; pour les affections cutanées et les affections de poitrine, les eaux sulfureuses auront la préférence. »

De même, on ne doit pas dire d'une façon absolue : le meilleur de tous les engrais, c'est le guano.

Cela est relatif : les choux, les navets, les radis, les oignons, contiennent une certaine quantité de soufre, qu'ils puisent dans l'air où ils le trouvent à l'état d'acide sulfhydrique ; mais ils peuvent ne pas l'y rencontrer en quantité suffisante, et un appoint serait peut-être nécessaire. Dans ce cas, le soufre devient l'engrais demandé. Si vos plantes sont atteintes de chlorose végétale, Eusèbe Gris vous conseille alors, comme le meilleur engrais, une solution ferrugineuse de couperose verte. S'il s'agit de légumineuses, le plâtre sera peut-être plus approprié que le guano comme engrais ; s'il s'agit de récolter du trèfle sur des terrains non calcaires, la chaux deviendra l'engrais nécessaire.

Mettons la génération qui vient, en mesure de demander à la science tout le concours que celle-ci peut lui donner. Que le père qui doit laisser à son fils une grande fortune foncière songe à compléter la brillante éducation qu'il lui donne par quelques études de chimie agricole, beaucoup plus utiles pour le gentilhomme campagnard, que l'étude du droit romain; que le fils de fermier, appelé à succéder à son père, puisse aller passer quelque temps dans une école d'agriculture, où il pourra suivre les leçons d'un professeur de chimie agricole qui lui expliquera cette loi de la restitution que l'illustre Liebig a fait connaître, et qui consiste à rendre constamment au sol les éléments qu'il nous a prêtés. N'est-ce point pour avoir transgressé cette loi que nos parmentières, puis nos vignes ont été malades? Si vous empruntez à la terre cent parties de chaux et que vous ne lui en rendiez que quatre-vingt-dix-huit, au bout de cinquante ans, votre terre sera ruinée en chaux. Si vous lui empruntez cent de soufre et que vous ne lui rendiez que quatre vingt-dix-neuf, au bout d'un siècle elle sera épuisée, quant au soufre. Malaise doit s'ensuivre alors, et on arriverait peut-être par cette voie à expliquer l'origine de l'oïdium. Si l'iode fait défaut dans les eaux potables, le goître se développe chez les individus condamnés à boire ces eaux. Si le soufre manque dans les terrains vinifères, peut-être la manifestation de l'oïdium en sera-t-elle la conséquence. Le fait est que pour combattre cette espèce de gale dont la vigne a été atteinte, le soufre a été d'une efficacité incontestable. On a remarqué en même temps qu'il donnait à la vigne une plus grande force végétative. De là à généraliser l'emploi du soufre comme engrais pour les vignobles, il n'y avait qu'un pas. L'oïdium aura vraiment été un mal pour un bien, si, grâce à lui, nous découvrons que le soufre auquel nous ne demandions qu'une vertu parasiticide, est en même temps pour nos vignes une matière fertilisante. Dans un temps très-prochain, nos champs seront aussi bien cultivés qu'ils le sont dans la Grande-Bretagne, et, d'ici là, c'est une consolation de penser que quant à la vigne, les Anglais ne nous feront jamais concurrence, car, comme le dit le joyeux refrain de P. Dupont :

Ils n'en ont pas en Angleterre.

D^r Ch. MACÉ.

Causerie scientifique.

Où il ne sera fait mention que de choses merveilleuses.

———

> Le vrai peut quelquefois n'être pas vraisemblable
>
> Boileau.

En l'an 241, le mage Adurabâd–Mabrasphand, voulant ramener les Perses à la foi de leurs ancêtres offrit de subir l'épreuve du feu. « Il proposa qu'on versât sur son corps nu dix-huit livres de cuivre fondu sortant de la fournaise et tout ardent, à condition que, s'il n'était point blessé, les incrédules se rendraient à un si grand prodige. On dit que l'épreuve se fit avec tant de succès qu'ils furent tous convertis. » [Cité par M. Boutigny dans un de ses Mémoires à l'Académie des sciences] (1).

« Aimoin, dans un ouvrage intitulé : *Gesta Francorum*, raconte que Louis le Germanique ayant réclamé une partie du royaume de Lothaire qu'il prétendait

(1) Dict. hist. crit. et bibliogr., t. XXVII, p. 417.

avoir été usurpée par son frère Charles le Chauve, on eut recours au jugement de Dieu. Dix hommes furent soumis à l'épreuve de l'eau bouillante, dix à l'épreuve de l'eau froide, dix à l'épreuve du fer chaud. Cette dernière épreuve consistait à prendre avec la main nue un fer rougi au feu ou à marcher pieds nus sur du fer brûlant (1). »

« J'ai renoncé à la physique, écrivait Voltaire, depuis qu'aucune académie n'a pu m'apprendre le secret de se laver les mains dans le plomb fondu, *secret connu de tous les charlatans* (2). »

Quelque invraisemblables que ces faits vous paraissent, ami lecteur, ne vous contentez pas de les accueillir par un sourire d'incrédulité et de dire : plaisanterie que tout cela, mystification ! Non, il n'y a là ni plaisanterie, ni mystification : Il y a des faits sur lesquels les admirables expériences de M. Boutigny sont venues jeter une telle lumière que le doute n'est plus permis.

C'est de ces expériences que nous allons vous entretenir.

Procédons avec ordre et voyons par quelle série de découvertes M. Boutigny a été amené à attribuer aux faits dont nous venons de parler, un caractère d'au-

(1) Dict. hist. des institut., mœurs et cout. de la France.
(2) Lettres à d'Alembert.

thenticité qu'ils étaient loin d'avoir il y a une trentaine d'années.

Un soir qu'il faisait des expériences sur la densité
relative des fécules, il jeta dans le feu, à plusieurs
reprises, la petite quantité d'éther dont il se servait,
et, chaque fois que le liquide volatil tombait sur un
tison, il s'en échappait une belle couleur bleue qui
n'avait rien de commun avec la flamme ordinaire de
l'éther.

Frappé de ce phénomène, l'honorable pharmacien
répéta cette expérience dans un creuset de platine
chauffé au moyen d'une lampe à alcool et dans lequel
il versa quelques gouttes d'éther. Celles-ci au lieu de
se vaporiser rapidement s'arrondirent, et le sagace
observateur put constater que le petit spéroïde était
à une température excessivement inférieure à celle
du creuset.

Cette dernière expérience le conduisit à en faire
une vraiment incroyable et propre à bouleverser
toutes nos idées sur la chaleur.

J'ai nommé la congélation de l'eau dans une capsule incandescente.

Il chauffa jusqu'au rouge blanc un creuset de platine dans lequel il projeta quelques gouttes d'acide
sulfureux liquide. Ce corps, qui est gazeux à la température ordinaire et qui avait été obtenu à l'état liquide au moyen d'un mélange réfrigérant composé de

glace et de sel de cuisine, loin de reprendre brusquement son premier état, s'arrondit en sphéroïde et, au milieu d'un creuset chauffé à 1,500 degrés, se maintient à une température de 10° plus basse que celle de la glace fondante. Aussi, lorsqu'au moyen d'une pipette, M. Boutigny eut laissé tomber quelques gouttes d'eau dans le creuset, fut-il ravi d'admiration, de les voir instantanément se convertir en glace.

Ici, je m'arrête. Il me semble, cher lecteur, voir errer sur vos lèvres ce sourire d'incrédulité contre lequel cependant je vous avais si fort prié de vous tenir en garde. Pourquoi trancher ainsi la question?

Il est cependant un moyen bien simple d'asseoir fortement votre conviction : Répétez les expériences du docte pharmacien d'Évreux : rien n'est plus simple. Dix fois je les ai vus faire, dix fois elles ont réussi. J'ai même vu mieux, j'ai vu, de mes yeux vu, solidifier le mercure (qui cependant ne gèle qu'à 40° au-dessous de zéro) dans une capsule chauffée à blanc et dans laquelle on avait versé quelques gouttes de protoxyde d'azote liquide.

Mais la découverte de l'état sphéroïdal nous réservait bien d'autres étonnements.

M. Boutigny, jugeant qu'il devait y avoir quelque rapport entre ces faits et d'autres du même ordre que ceux cités au commencement de cette causerie, chercha à s'assurer qu'ils se reproduisaient encore de nos jours.

Bien que les personnes auxquelles il s'adressait le reçussent en général d'un façon très-peu polie, il ne se découragea pas et finit par apprendre de M. Alph. Michel qu'à la forge de Magny, près Lure, un ouvrier, un employé et lui-même avaient, sans se brûler, plongé la main dans de la fonte en fusion sortant d'un wilkinson.

M. Boutigny se soumit alors à différentes épreuves.

« J'ai, dit-il, divisé ou coupé avec ma main un jet de fonte qui s'échappait par la percée, puis tout aussitôt j'ai plongé l'autre main dans une poche pleine de fonte incandescente qui était vraiment effrayante à voir. Je frissonnai involontairement. Mais l'une et l'autre sont sorties victorieuses de l'épreuve. »

L'expérience, ajoute M. Boutigny, réussit toujours quand on a la peau humide.

Si vous ne croyez pas, ami lecteur, essayez,.. la petite sueur froide qui viendra perler à la surface de votre corps — sera des plus efficaces pour vous préserver des brûlures.

N'est-ce pas ce qui devait arriver lorsqu'un accusé subissait l'épreuve du feu?

Voilà les faits. — En voici l'explication :

Lorsqu'on plonge la main dans la fonte en fusion, le contact n'a pas lieu, parce que l'eau qui la recouvre prend ce qu'on appelle aujourd'hui l'état sphéroïdal, absolument comme lorsqu'elle est projetée sur une surface chaude.

Un corps projeté sur une surface chaude, dit M. Boutigny, est à *l'état sphéroïdal* quand il revêt la forme arrondie et qu'il se maintient sur cette surface au delà du rayon de sa sphère d'activité physique et chimique. Alors il réfléchit le calorique rayonnant, et ses molécules sont, quant à la chaleur, dans un état d'équilibre stable, c'est-à-dire à une température invariable ou qui ne varie que dans des limites étroites.

Le contact, venons-nous de dire, entre le corps à l'état sphéroïdal et le corps sphéroïdalisant n'a pas lieu. On démontre expérimentalement cette vérité en plaçant la flamme d'une bougie à une certaine distance sur le prolongement d'une plaque chauffée sur laquelle on a versé quelques gouttes d'eau colorée en noir. On distingue d'une manière continue cette flamme entre le sphéroïde et la plaque.

L'explication théorique de tout ce que nous venons de dire — sortirait du cadre que nous nous sommes tracé.

Je termine en citant quelques passages d'une lettre écrite par M. Alexis Pierrey de Dijon à M. Arago et qui vous édifieront complétement sur la valeur des faits que nous venons de vous rapporter.

« Dimanche dernier (3 juin 1849), je suis allé au Val-Suzon, village à 17 kilom. de Dijon, j'ai demandé aux ouvriers des hauts fourneaux si quelqu'un d'entre eux oserait mettre le pied nu sur la fonte incandescente, et aussitôt il m'en a été signalé un qui le faisait habituellement.

» Après m'être bien convaincu auprès des divers ouvriers que leur camarade avait fait souvent l'expérience sous leurs yeux, j'ai consenti à la voir renouveler.

» L'ouvrier a bien balayé la *gueuse* coulée depuis un quart d'heure, il a enlevé tout le sable noir qui la recouvrait et a posé le pied dessus. Ensuite il y a posé successivement les deux pieds en sautant de manière que le poids du corps portât sur le pied au moment où il reposait sur la gueuse. Pour toute précaution, l'ouvrier avait posé la plante du pied sur son pantalon, afin, m'a-t-il dit, qu'il ne restât pas de grain de sable attaché à la peau.

» Enhardi par son exemple, j'ai ôté ma chaussure, puis j'ai frappé trois fois la gueuse incandescente du *pied nu*, mais je n'ai pas osé marcher.

» La première fois j'ai éprouvé une impression de froid.

» La deuxième fois je n'ai ressenti que la pression ordinaire du contact.

» La troisième fois j'ai senti le *chaud de la fonte*

(expression d'un ouvrier qui rend bien ma sensa-
tion) et une impression de crainte qui m'a empêché
de recommencer. »

VICTOR COUPIN,

Chef d'Institution.

ÉTUDE ARCHÉOLOGIQUE

PRIX DES DENRÉES DANS L'EMPIRE ROMAIN AU QUATRIÈME SIÈCLE.

On doit à la découverte du célèbre édit de Dioclétien publié l'an 303 de notre ère, retrouvé inscrit sur
une table de pierre, dans l'Asie Mineure par M. Wil-
liam Bankes, une série étendue de données statisti-
ques sur la vie civile et l'économie domestique des
Romains.

Cet édit est un précieux monument archéologique
fixant, il y a 1565 ans le *maximum* des prix du travail
et des subsistances dans l'Empire. — Il fait connaître quels étaient à cette époque mémorable de la trans-
formation sociale du monde, le prix de l'argent, l'a-
bondance ou la rareté de tel ou tel produit naturel,
l'usage plus ou moins commun de telle sorte d'ali-
ment, l'habitude populaire de mots singuliers dont

l'appétence nous semble une dépravation de goût, enfin les relations de valeur entre les produits de l'agriculture et ceux de l'industrie. Nous n'avons pas besoin d'insister sur l'intérêt de cette découverte, et nous devons tous nos remerciements au savant hisrien, **M.** Charles Romey, de nous en avoir fait connaître la traduction publiée à Londres par le colonel Leake.

L'édit impérial de Dioclétien est composé de plus de quatre-vingts articles. Il détermine non-seulement le prix des comestibles, mais encore celui du travail : c'est un document de la plus haute importance, qui supplée aux notions peu certaines que l'on trouve chez les historiens.

Voici le tableau des prix qu'il fixe :

POUR DIVERS TRAVAUX.

Journée d'un laboureur . .	25 deniers	(5 fr. 62 c.)
— d'un maçon	50 id.	(11 fr. 25 c.)
Pour façon d'habit	50 id.	(11 fr. 25 c.)
id. de souliers . . .	150 id.	(27 fr. 75 c.)
Honoraires d'un avocat pour l'audition d'une cause . .	1000 id.	(225 fr. » c.)
Etc.		

POUR LES VINS.

Vin vieux, le setier (1/2 litre)	70 id.	(13 fr. » c.)
Vin rustique id. id.	8 id.	(3 fr. 60 c.)

Bière   id.   id.   4 deniers (1 fr. 80 c.)

Vin épicé   id.   id.   30 id. (6 fr. » c.)

POUR LES VIANDES.

Viande de bœuf, la livre. . . 8 deniers (3 fr. 60 c.)

  id. de mouton id. . . . id.   id. (id. id.)

  id. d'agneau id. . . . 12 id. (4 fr. 70 c.)

  id. de porc id. . . . 12 id. (4 fr. 70 c.)

Saucisse fumée id. . . . 10 id. (3 fr. 37 c.)

  Etc.

POUR LE GIBIER.

Un paon mâle engraissé 250 deniers (56 fr. » c.)

  id. femelle id. 200 id (45 fr. » c.)

Une oie grasse. . . . . 200 id. (45 fr. » c.)

Un poulet . . . . 60 id. (13 fr. 50 c.)

Un canard. . . . . . . 40 id. (9 fr. » c.)

Une perdrix. . . . . . 30 id (6 fr. 75 c.)

Un lapin . . . . 40 id. (9 fr. » c.)

  Etc.

POUR LE POISSON.

Poisson de mer . . . . . 24 deniers (5 fr. 40 c.)

  id. de rivière. . . . . 12 id. (2 fr. 70 c.)

Poisson salé . . . . 6 id. (1 fr. 35 c.)

Huitres, le 100. . . . . . 100 id. (22 fr. 50 c.)

  Etc.

POUR LES LÉGUMES.

Laitues (5 ensemble) . . . . . 4 deniers (0 fr. 90 c.)
Choux, 1 seul · 4   id.   (0 fr. 90 c.)
Radis, les plus grands 4   id.   (0 fr. 90 c.)
  Etc.

AUTRES COMESTIBTES.

Miel, le 1/2 litre . . . . . . 40 deniers (18 fr. » c.)
Huile   id.   40   id.   (18 fr. » c.)
Vinaigre 6   id.   (2 fr.70 c.)
Fromage, la livre 12   id.   (4 fr. » c.)
  Etc.

Nous avons abrégé la nomenclature des divers chapitres. Ce que nous avons voulu faire constater, c'est l'extrême élévation de tous les prix ; salaire et subsistances coûtaient dix à vingt fois autant que chez nous. — Mais quand on vient à comparer le prix des comestibles au prix du travail, la cherté des choses nécessaires à la vie paraît encore plus excessive. Que l'on fasse cette comparaison ; qu'on rapproche de l'édit de Dioclétien un grand nombre de faits rapportés par les historiens, et l'on verra clairement que, si l'abondance des métaux précieux influait sur l'élévation des prix, le défaut de travail, d'industrie et de commerce n'était pas étranger à cette élévation. Cela montre de plus en |plus l'indigence de ce peuple-roi,

dont les deux-tiers, sinon les trois-quarts étaient ré-
duits à vivre de poisson et de fromage et à boire de la
piquette, quand la dépense de là table de Vitellius
montait en une seule année à 175 millions.

C. O.

ÉTUDE BIOGRAPHIQUE

ORIGINE DE LA FORTUNE DES ROTHSCHILD.

C'est dans l'un des cloaques infects de la *Juden-gasse* (la rue des Juifs de la ville de Francfort-sur-le-Mein) que naquit le fondateur d'une dynastie financière : Jonathan Rothschild.

Vers 1785, un colporteur, un jeune homme au teint livide, à l'encolure informe et rachitique, la tête basse, les lèvres épaisses, les yeux en saillie, louches et fixés sur la terre, sortait chaque matin de la *Juden-gasse*, pliant sous son fardeau. Si ses vêtements grossiers, usés ou rapiécés, et crasseux annonçaient la misère et la malpropreté, on pouvait lire sur son front déjà ridé ces mots : *Amour du pécule et du lucre.* Voué par un penchant irrésistible à la spéculation, il traversait les rues sans que le bruit des voitures, les cris d'un infortuné renversé sous la roue, le vacarme, d'une émeute, l'éclat d'un incendie, attirassent son attention. Le débit de ses verroteries l'occupait exclusivement.

Ce jeune vieillard, ce trafiquant, ce colporteur enfin, n'était autre qne Jonathan Rothschild, le père de cette famille qui, à la tête de la milice millionnaire de l'Europe, brille aujourd'hui de tout l'éclat de son or et est si puissante sur le crédit, le commerce et la diplomatie de l'univers

Quelle sorte de joie eût exprimée Jonathan s'il se fût douté qu'il portait dans son modeste ballot, non pas le bâton de maréchal de France, comme le conscrit français, mais bien un sceptre !

Quoi qu'il en soit, grâce à ses courses quotidiennes dans les rues de Francfort, dans les bourgades et dans les campagnes environnantes, grâce surtout à sa parcimonie, le colporteur voyait accroître chaque jour son ballot et ses profits avec un cupide ravissement.

Quelques années plus tard, Jonathan était en mesure de donner plus d'extension à son trafic ; mais seul il n'eût pu y suffire. Comment promener son ballot et garder sa boutique simultanément ? Impossible. Il lui fallait donc un commis. Mais un commis voudrait être payé, et puis serait-il fidèle ? L'embarras du nouveau riche était grand ; heureusement pour lui il ne manquait ni de tact, ni d'intelligence ; ayant besoin d'un commis, il prit une femme, Une jeune personne à la tête expressive, frêle et chétive créature, pauvre enfant de la *Judengasse*, devint sa compagne. La jeune femme fut chargée de troquer et de brocanter dans une petite boutique, sorte de hutte, tandis que le mari continuait son négoce forain. Acheter à vil prix, vendre cher, vivre de privations, étant la devise des deux époux, *l'avoir de la maison Jonathan Rotschild et femme* grossissait à vue d'œil ; il était d'autant plus aisé de s'enrichir à cette époque, que l'or abondait et que les transactions étaient nombreuses et faciles à Francfort. Le nom de Jonathan et sa fortune ne tardèrent pas à être connus dans le commerce. Dans ses payements, Jonathan était ponctuel. Actif, habile et adroit, les *gros bonnets* du commerce de Francfort, de Mayence et de Darmstadt l'employèrent souvent comme intermédiaire, et l'israélite s'acquitta de commissions délicates et importantes avec exactitude et intégrité

Pendant les commotions de la révolution française, Jonathan Rothschild était déjà un faiseur d'affaires renommé, mais il n'occupait encore dans le monde commercial qu'une position inférieure, lorsqu'une circonstance, en dehors de toute prévision, l'éleva tout à coup au rang de capitaliste de premier ordre.

L'armée de Sambre-et-Meuse, sous la conduite de

Hoche, venait de s'emparer de Coblentz (1794). Les petits souverains d'Allemagne étaient peu disposés à guerroyer. Ces princes palatins, ducs et margraves, redoutant surtout le plus léger contact avec l'armée française, ne songèrent d'abord qu'à se replier sur l'Elbe, sauf à aviser plus tard. Tout en laissant leurs sujets à la merci de l'invasion, ces illustres fuyards emportèrent leur or. Mais parmi eux était l'électeur de Hesse-Cassel, qui possédait à lui seul plus de numéraire que n'en possédaient tous ses frères de la confédération germanique ensemble. Se voyant dans l'impossibilité d'emporter avec lui tous ses trésors, sa prudence lui suggéra l'idée d'en déposer une partie à des personnes de confiance. Au nombre de ces personnes se trouva Jonathan Rothschild. Deux millions de florins lui furent confiés, à charge par lui de les rendre au retour de la paix. Mais la guerre dura près d'un quart de siècle, et pendant toute cette période le bienheureux dépôt ne demeura pas inactif.

A peine possesseur de ce capital, Jonathan Rothschild sentit aussitôt redoubler son zèle et sa ferveur pour le culte auquel il s'était consacré dès ses jeunes ans ; selon lui, hors le *veau d'or*, point de salut. Son patriotisme était négatif ; les partis qui lui donnaient des chances de gain étaient les siens ; il les servait tous avec la même indifférence. On le vit tour à tour fournisseur des armées de Napoléon, commission-

naire des emprunts russes et anglais ; plus d'une fois
il prêta sur gage des sommes considérables à des princes debout ou tombés. Vinrent ensuite 1815 et ses emprunts si scandaleusement favorables aux capitalistes,
dont Jonathan était le Goliath.

Sa fortune, déjà colossale, s'accrut alors dans des
proportions fabuleuses. Il rentra quelquefois chez lui
plus riche de cent mille florins qu'il ne l'était le matin
même. Comme on le voit, les vœux de l'ex-colporteur
de la *Judengasse* avaient été exaucés et au-delà ; son
dieu lui avait été propice, ses coffres regorgeaient
d'or ! Néanmoins, Jonathan était demeuré l'homme
d'autrefois : une grosse redingote, cravate bleue, des
guêtres sales et un vieux parapluie à la main consti-
tuaient la toilette de tous les jours, de toutes les sai-
sons du *grand* Rothschild. Il n'avait pas cessé d'habi-
ter sa rue natale ; c'est dans la *Judengasse* qu'il avait
grandi, c'est là qu'il voulait mourir. C'est aussi dans
la rue maudite qu'il mourut. Sa veuve a voulu habi-
ter la même rue ; elle n'a pas quitté le toit des anciens
jours, où elle a mené une vie paisible et sans faste, en
attendant que la mort vînt la réunir à son *pauvre*
mari.

Ses enfants n'ont pas suivi l'exemple paternel sur
ce point. Ils possèdent un hôtel magnifique dans la
belle et opulente rue de Zeil, une villa charmante, des
titres de noblesse, des armoiries, une armée de va-

lets, des voitures, des chevaux, une livrée, etc., etc.
Mais ils ont continué la route spéculative de leur au-
teur, et repris en quelque sorte l'œuvre du père sur ses
anciens errements. Les emprunts , les *marchés à
terme*, les *actions* industrielles alimentent chaque jour
ce nouveau pactole, qui se dégage par cinq canaux
placés à Francfort, à Vienne, à Naples, à Paris et à
Londres.

(Extrait du *Foreign and quarterly Review.*)

TABLE DES MATIÈRES

CONTENUES DANS LA PREMIÈRE PARTIE.

AVIS.

La deuxième partie de l'Annuaire paraîtra incessamment.

Chaque partie se vend séparément
75 centimes.

Les deux parties ensemble, 1 fr.